J

Pebble® Plus
Bilingüe/
Bilingual

La salud y tu cuerpo/Health and Your Body

Hábitos saludables

Healthy Habits

por/by Rebecca Weber

CAPSTONE PRESS
a capstone imprint

Pebble Plus is published by Capstone Press,
1710 Roe Crest Drive, North Mankato, Minnesota 56003.
www.capstonepub.com

Books published by Capstone Press are manufactured with paper
containing at least 10 percent post-consumer waste.

Library of Congress Cataloging-in-Publication Data
Weber, Rebecca.
  [Healthy habits. Spanish & English]
  Hábitos saludables = Healthy habits / por Rebecca Weber.
  p. cm.—(Pebble plus bilingüe. La salud y tu cuerpo = Pebble plus bilingual. Health and your body)
  Summary: "Simple text and color photos illustrate ways to stay healthy through exercise, rest, skin care,
and proper diet—in both English and Spanish"—Provided by publisher.
  Includes index.
  ISBN 978-1-4296-6895-8 (library binding)
  1. Children—Health and hygiene—Juvenile literature. 2. Health behavior—Juvenile literature. I. Title. II. Title:
Healthy habits.
  RA777.W43218 2012
  613—dc22
                                                                                          2011000621

Editorial Credits
Gillia Olson, editor; Strictly Spanish, translation services; Veronica Correia, designer; Danielle Ceminsky,
    bilingual book designer; Svetlana Zhurkin, media researcher; Laura Manthe, production specialist

Photo Credits
BananaStock, 1, 11, 19
Capstone Press/Hutchings Photography, 20
Capstone Studio/Karon Dubke, 17
Dreamstime/Yobro10, 21
Shutterstock: AVAVA, 9; Jaimie Duplass, 15; Larisa Lofitskaya, 7; Martin Valigursky, 5; Monkey Business Images, cover;
    Paulaphoto, 13

Note to Parents and Teachers

The La salud y tu cuerpo/Health and Your Body series supports national standards related to
health and physical education. This book describes and illustrates how to stay healthy in both
English and Spanish. The images support early readers in understanding the text. The repetition
of words and phrases helps early readers learn new words. This book also introduces early readers
to subject-specific vocabulary words, which are defined in the Glossary section. Early readers may
need assistance to read some words and to use the Table of Contents, Glossary, Internet Sites, and
Index sections of the book.

Printed in the United States of America in North Mankato, Minnesota.
022012
006603R

Table of Contents

Tabla de contenidos

A Healthy Day

Our bodies need things every day to stay healthy. The right foods, enough sleep, and exercise are all important. How can you be healthy today?

Un día saludable

Nuestros cuerpos necesitan cosas todos los días para permanecer saludables. La comida correcta, dormir lo suficiente y hacer ejercicio son todos importantes. ¿Cómo puedes ser saludable hoy?

Good Food

Your body needs energy from breakfast to start the day. Fruit will give you energy fast. Eggs and milk will give you energy for hours.

Buena comida

Tu cuerpo necesita la energía del desayuno para comenzar el día. La fruta te dará energía rápidamente. Los huevos y la leche te darán energía por horas.

Clean and Shiny

Wash your skin to get rid of germs and dirt. Use warm water and soap. Wear sunscreen outside to protect your skin from the sun.

Limpia y brillante

Lava tu piel para deshacerte de gérmenes y tierra. Usa agua tibia y jabón. Usa protector solar cuando estés al aire libre para proteger tu piel del sol.

Teeth Talk

Brush your teeth at least two times every day. Brush after eating sweets too. Use dental floss to get rid of food between your teeth.

Hablemos de los dientes

Cepíllate los dientes por lo menos dos veces al día. Cepíllalos también después de comer dulces. Usa hilo dental para retirar la comida entre tus dientes.

Playing Hard

Exercise makes strong muscles.

Play games with your friends.

Run, jump, or swim. Get moving for at least 30 minutes a day. Have fun!

A jugar fuerte

El ejercicio fortalece los músculos.

Juega juegos con tus amigos. Corre, salta o nada. Haz ejercicio por lo menos 30 minutos por día. ¡Diviértete!

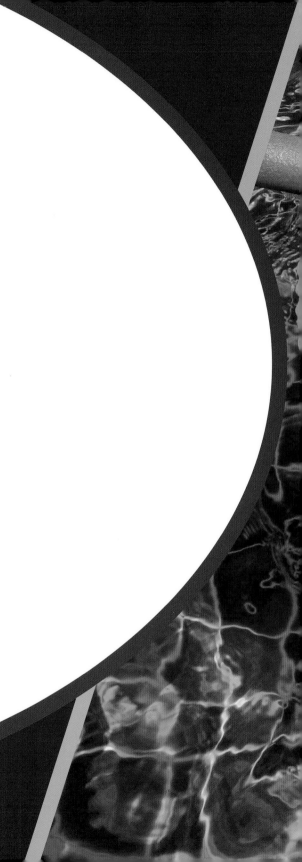

Don't Dry Out

Your body needs water more than food or anything else. Thirst means your body is already low on water. Drink water throughout the day.

No te olvides del agua

Tu cuerpo necesita agua más que comida o cualquier otra cosa. La sed significa que tu cuerpo tiene poca agua. Bebe agua a lo largo del día.

Snack Attack

Healthy snacks give you energy all day long.
Energy from chips and candy doesn't last.
Eat nuts or cheese for energy that lasts
a long time.

Come meriendas

Las meriendas saludables te dan energía
todo el día. La energía de las papas chips y
los dulces no dura. Come nueces o queso para
obtener energía que dure mucho tiempo.

Deep Sleep

Even after a healthy day, your body needs rest to repair itself. Most kids need about 10 hours of sleep a day. Good rest ends a full day of healthy habits.

Duerme profundamente

Aún después de un día saludable, tu cuerpo necesita descansar para repararse a sí mismo. La mayoría de los niños necesita alrededor de 10 horas de sueño por día. Un buen descanso termina un día completo de hábitos saludables.

Fun Facts/Datos divertidos

- People have not always had toothpaste. They used to brush their teeth with ground up chalk, ashes, or even baking soda.

  La gente no siempre tuvo pasta dental. Ellas solían cepillar sus dientes con tiza molida, cenizas o hasta bicarbonato.

- Fresh fruits and vegetables have more vitamins than frozen. Frozen fruits and vegetables have more vitamins than canned.

  Las frutas y los vegetales frescos tienen más vitaminas que los congelados. Las frutas y vegetales congelados tienen más vitaminas que los enlatados.

- The average adult has about 8 pounds (3.6 kilograms) of skin. People shed skin cells all the time. The body grows entirely new skin about once every 35 days.

  El adulto promedio tiene alrededor de 8 libras (3.6 kilogramos) de piel. Las personas se despojan de células de la piel todo el tiempo. El cuerpo crece piel totalmente nueva una vez cada 35 días.

- People spend about one-third of their life sleeping. Dreams happen during rapid eye movement (REM) sleep. During this time, our eyes dart back and forth under our eyelids.

  La gente pasa alrededor de un tercio de su vida durmiendo. Los sueños ocurren durante el sueño con rápido movimiento de los ojos (REM). Durante este periodo, tus ojos se mueven de lado a lado bajo tus párpados.

Glossary

dental floss—a thin strand of thread used to clean in between teeth

energy—the strength to do active things without becoming tired

exercise—physical activity that a person does to stay fit and healthy

germ—a very tiny living thing that can cause sickness

habit—something you do regularly, often without thinking about it

repair—to fix

sunscreen—a lotion that protects your skin from the sun

Internet Sites

FactHound offers a safe, fun way to find Internet sites related to this book. All of the sites on FactHound have been researched by our staff.

Here's all you do:

Visit *www.facthound.com*

Type in this code: 9781429668958

Check out projects, games and lots more at
www.capstonekids.com

Glosario

el ejercicio—actividad física que una persona realiza para permanecer saludable y en buena condición física

la energía—la fuerza para realizar cosas activas sin cansarse

el germen—seres vivientes diminutos que causan enfermedades

el hábito—algo que tú realizas regularmente, a menudo sin pensarlo

el hilo dental—un hilo delgado que se usa para limpiar entre los dientes

el protector solar—una loción que protege a la piel del sol

reparar—arreglar

Sitios de Internet

FactHound brinda una forma segura y divertida de encontrar sitios de Internet relacionados con este libro. Todos los sitios en FactHound han sido investigados por nuestro personal.

Esto es todo lo que tienes que hacer:

Visita *www.facthound.com*

Ingresa este código: 9781429668958

¡Algo súper divertido! Hay proyectos, juegos y mucho más en **www.capstonekids.com**

Index

Índice